COMPLAINTES DU CONTINENT

Tous droits réservés pour tout pays. © 2014, Les Éditions Perce-Neige.
Dépôt légal / Premier trimestre 2014, BNQ et BNC.

Œuvre en page couverture : SKYRIE, David, *Last word goes to the crow*,
mixte média, 76 x 102 cm, 2011.

Conception graphique : Jovette Cyr, ETP Média.

CATALOGAGE AVANT PUBLICATION DE BIBLIOTHÈQUE ET ARCHIVES CANADA

Leblanc, Gérald, 1945-2005
[Poèmes. Extraits]
    Complaintes du continent : poèmes 1988-1992 / Gérald Leblanc.

(Collection Poésie)
Publié précédemment : 1993.
ISBN 978-2-89691-129-5 (couverture souple)

    I. Titre.

PS8573.E326C66 2013   C841'.54   C2013-907358-2

DISTRIBUTION EN LIBRAIRIE AU QUÉBEC
Diffusion Prologue
1650, boulevard Lionel-Bertrand
Boisbriand (Qc) J7E 4H4

AILLEURS AU CANADA ET EN EUROPE
Les Éditions Perce-Neige   editionsperceneige.ca
22-140, rue Botsford   perceneige@nb.aibn.com
Moncton (N.-B.)   Tél. : (506) 383-4446
Canada E1C 4X4

La production des Éditions Perce-Neige est rendue possible grâce
à la contribution financière du Conseil des Arts du Canada et de la
Direction du développement des arts du Nouveau-Brunswick.

Ce livre est conforme à la nouvelle orthographe.
www.orthographe-recommandee.info

Gérald Leblanc

COMPLAINTES DU CONTINENT

poèmes 1988-1992

à Roméo Savoie

ma complainte du continent

le poème

le poème illumine la question
en illustre les angles multiples
et l'évidence incontournable
le poème arrive à temps
pour nourrir le doute
et confirmer l'intuition

voyage dans le temps d'un poème

à France Daigle

ce poème absorbe le quotidien
les airs immédiats et la lumière
quand le temps s'élance
comme un lasso
autour du territoire

carte

j'écris au feutre
sur une carte de l'Amérique
des mots comme chez nous
ici espace demeure
j'écris le nom de mon pays
absent de cette carte
j'écris un poème
je questionne l'absence

jusqu'au prochain poème

à Fredric Gary Comeau

la curiosité alimente la soif
les villes nous accueillent
comme autant de refuges temporaires
nos mots s'immiscent autour d'un autre départ
alors que le dedans chavire
jusqu'au prochain poème

programme

je pourrais commencer un poème
en indiquant quelle heure il est
quel jour ou quelle année
je pourrais même nommer la ville

poème narratif

à la mémoire d'un autre poème

un sentiment me dérange
pour penser à autre chose
je marche jusqu'à Dieppe
j'achète un livre
à la Place Champlain
je téléphone à Joël
dérive dans les vies passées
son rire m'y ramène
ça allume David Bowie
Corbeau à Richibouctou
Maple Grove Village
december song
tout tremble
une incertitude me taraude
alors je lui décris
l'horizon sentimental
il me demande :
écris-tu ?

message

à Marc Arseneau

même en parlant de l'écriture
postmoderne j'évoque la voix
ses possibilités infinies chantant
parmi les figurations iconoclastes
sur la page le métissage permute
les formes module l'intensité
des verbes vidéo-clipent
l'œil et l'oreille
le corps pantois
la voix transfigurée par l'émotion

poésie réalité virtuelle

la nuit lisse
l'origine de la quête
le désir comme messager
d'une exigence lumineuse
au cœur de l'origine
une musique
une mémoire de la mer
mais c'est le désir
chevauchant la nuit lisse
comme l'immédiat
dans le présent de la quête
le mouvement impérieux
épouse la musique
la mémoire du mouvement
la nuit lisse glisse
sur la langue
parmi les voix de la quête
du monde qui prend forme
dans la poésie
réalité virtuelle

nommer

il est des mots
dont la seule mention éveille
la certitude d'habiter un espace
qui répond au sens de ces mots

appartenance

jusqu'où irons-nous avec ces mots satinés
ces musiques de recherche
le décalage du vulnérable et du vindicatif
de la délinquance douce
sur les rues de ta solitude
tu me parles de la couche d'ozone
et du manque d'affection
de ce qui s'envole
dans la prodigieuse faculté de l'oubli
plus tard nous retracerons ces signes
comme un composé de notre appartenance

des morceaux du morceau

la séduction de ta voix traverse la canicule
entre le poème et le plaidoyer
je me love dans les bruits de la ville
j'ouvre mon cahier noir en état d'écoute
j'écris ces vers de Jim Morrison
we're trying for something
that's already found us
ciel lourd et journée lente
dans la mythologie du quotidien

ma complainte du continent

il y a des cris et des folklores
des vieilles histoires et des fables du futur
fast food et granola dans les rumeurs anorexiques
ma rue regorge de contradictions
les jours dévastés nous rejoignent
nous prenons la parole n'importe où
quand l'intensité s'impose

à nos semblables

les musiques rouges que tu proposes
c'est bien la lumière émanant de nous
une cadence du cœur comblé
dans l'écho neurologique de la ville
à corps perdu dans le vertige
c'est la nuit dans notre ville sauvage
dont nous chantons les excès et les chutes
où nous apprenons à dire nous
parmi les débris du monde

dharma

dire en joie pour *enjoy*
au cœur d'une ville-langues
Moncton on my mind
après *after midnight*
répéter mon nom secret

à un ami exilé

nous revenons aux contradictions
les complaintes communes
nous jonglons avec un passé fabriqué
au déroulement
d'un présent quasi endurable
nous habitons une langue
avec laquelle
nous nous surprenons à rêver
en cours de route
nous ne ressemblons
à personne d'autre
même si tu insistes
pour l'assumer ailleurs

méditation matinale

quand j'écris au passé
tu t'éclates de rire
me fais remarquer
que je tergiverse trop
devant le présent
où tu vas et viens
comme une pensée

song of longing

de ces soirs sans fin
où toutes les questions me traversent
quand le corps s'abandonne à la tête
ô musique d'attente ardente

fill in the blanks

j'écris la distance parcourue
depuis notre dernière conversation
les avenues évidentes
la routine et ses méandres
les projets et les nécessités
longues lettres depuis l'âme
de certaines absences

brume

tu m'aveugles jusqu'à l'adhésion
essayant de me faire basculer
dans une contradiction
pour confirmer le doute
la source de notre entente

pluie

soirée de pluie
mémoire de soirée de pluie
les chansons qui s'y réfèrent
la pluie pleine de blues inspirés de la pluie
la pluie rouge de l'histoire
l'histoire se répète dans la pluie
la pluie ancienne aux rythmes battants
la pluie acide du continent
soirée de poèmes de pluie

strange days

lecture paranoïaque des journaux
au long des après-midis poèmobiles
à la recherche de traces
au cœur d'une ville codée
la musique encore la musique
me transporte
vers des zones à déchiffrer
l'écho des rythmes restent
relançant la quête
d'un lieu où je pourrais
enfin imaginer
sans faux-fuyants

carte postale depuis la déflagration

la mer est une couche d'huile
devant un take-out de clichés
je traverse le pays opaque
avec les sonorités de Sonic Youth
parmi les éditoriaux
comme une irruption du surréalisme
dans le Corn Flakes
à me demander
quelle dimension terrestre
me sollicite

complainte de downtown

en sortant d'une peinture de Francis Bacon
i work with language how about you
quand la pleine lune m'attaque
au cours de ma complainte de downtown
tu vas penser que je parle de Moncton

amorce du blanc

doit-on expliquer
le sens de nos emportements
quand le savoir se déplace
sur l'écran des autres
la valse des vagues promesses
un message sur le répondeur automatique
à l'attention de mon âme
une invitation à parler
entre l'illusion et l'énigme
l'hiver nous obsède
nous saisit toujours abruptement
et ce blanc
qui travaille la conscience

mémoire reconquise

une musique urgente
où l'émotion rattrape le désir
soudain les mots deviennent un paysage vibrant
une ville illustrée
à coup de traits elliptiques
d'où s'échappent un accent espagnol
un navire nommé rêve
une mémoire reconquise
(je voulais dire bleue)
approximativement avec mes deux mains

envoi

tu frissonnes à la pensée
des énigmes terrestres
l'attrait magnétique
des géographies brulantes
dont tu as entendu parler
à l'écoute de l'Orient
de ton âme
tu repartiras
en abandonnant
la certitude des autres

janvier

janvier jaloux de l'été
au blanc aveuglant
au souffle gelé
janvier fait marcher
plus vite
sans même considérer
l'idée de virer de bord

février

en février froid
le cœur prend des formes variables
l'ironie de cette chanson
qui parlait de partir
j'écris à la table d'un ami poète
dans son décor noir et jaune
sur les images-taxis de sa ville
l'espace de sa générosité

mars

le mois de mars hésite
tu me dis qu'il faut détruire
ce que nous ne pouvons pas nommer
on s'éponge jusqu'au réel
avec nos doigts de minuit
la mécanique corporelle
déchiffrée
menacée de fulgurances

avril

avril a l'air du printemps
aujourd'hui j'ai l'impression
que la rue St-Georges m'arrive
comme une question qui envahit
le sommeil

juillet

tu interroges les évènements les plus quotidiens
tu reprends tes disques de jazz
et les recueils que tu lisais autrefois
depuis plusieurs jours maintenant
des appels surgissent de ton passé
des lettres arrivent inattendues
tu te sens traversé d'un courant
ce soir tu restes en état de veille
espérant en écrire l'effet
comme la promesse d'un poème
qui demande demeure

aout 1991 (Idée du Nord)

je sors
en début de soirée samedi
je longe les rues familières
jusqu'au Warehouse sur Robinson
où des musiciens magiciens
m'invitent à crier des poèmes
dans un micro de la nuit
de ma ville

novembre

ce matin je me retrouve devant ton miroir
je vois les yeux d'un exilé aux cernes gnostiques
j'étudie les lignes sur mon visage
pendant que mes lèvres formulent
la prière de l'amoureux

fin de cycle

les images recyclées
avalées de travers
dans des chansons
de cendriers pleins
et de pluies battantes
les vieilles questions
remontent avec éclats
comme une radiographie
de l'irrémédiable

documentaire

un poète américain raconte
avoir eu un choc métaphysique
un certain matin devant la télévision
je ne crois pas tout ce que j'entends
j'essaie de comprendre
je traduis n'importe quoi
je passe d'une langue à l'autre
le saxophone saute partout
dans ma culture
j'ai beau insister
c'est toujours le même monde
qui demande pourquoi
et si nous cherchions entre nous
pour composer avec le bruit ambiant

projet de livre

dans le rythme d'une langue
où sentir avec plus d'imagination
chaque phrase commencée dans la bouche
se répand dans le corps
la mémoire prolongée dans le projet
ce qui vient de loin et qui demeure
jusqu'à l'inscription de cette intensité

déplacement

le voyage agrandit l'espace du dedans
d'une certaine façon le voyage te ressemble
du dedans la musique est au cœur
du voyage d'une certaine façon
le voyage est un agrandissement qui te ressemble
au cœur de la pensée du voyage

samedi soir et le lendemain

nos extrêmes se rejoignent
dans notre mythologie personnelle
entre les couplets et le refrain
des images à la fois solides et transparentes
la glace ou le cristal
nous renvoient
vers d'autres images
des paysages psychiques
d'un dimanche après-midi
quand je lis tout sauf des livres

à la mémoire de Miles Davis

parce que le sang de ce son cuivré
est venu m'appeler à même mes racines
continentales j'ai su que je te suivrais
désormais prince de vaudou puisque
tu me prenais par le dedans par l'immense
cri-nègre de mon appartenance Bitches Brew ô
Bitches Brew à crier dans les rues Miles Davis
mon amour avant de rentrer Kind of Blue où
la matière vibre lumière noire sur ma fièvre
de nyctalope nerveux Miles Ahead dans les
transmutations psychiques complainte d'âme
ô musique de Miles
de mes nuits de Miles
de mon amour de Miles

hommage à l'auteur de Lunch Poems

à André Roy

je ferme le livre et sors dans la rue
qui est un autre livre d'histoires
j'entre dans une cabine téléphonique
m'allumer une cigarette (il vente)
j'échappe quelques vers d'un poème en cours
dans l'intense trafic de 4 heures de l'après-midi
dans mes courses à toute vitesse
j'oublie d'acheter le journal
mais je sais ce qui se passe
je salue un ami en traversant sur un feu rouge
je ralentis le pas en arrivant sur la rue Weldon
j'ouvre la porte de l'appartement
et je reprends mon cœur
qui est un livre intitulé
l'accélérateur d'intensité

ce soir encore

les mêmes idées reviennent
l'idée de sortir
l'idée d'aller danser
l'idée de bouger dans un bar
l'idée d'explorer
dans la routine
je me demande
qu'y aurait-il à changer
dans le bar
c'est comme si
je n'avais jamais quitté
je m'allume une cigarette
une musique m'accroche
une émotion me saisit
je bouge malgré moi
j'avance vers la piste de danse
et je danse
et je danse
comme si c'était
la première fois

à celui qui lit ce poème

va danser là où la lumière diffuse
enveloppe les corps danse avec
les yeux fermés pour entrer dans ton corps
contacte les lieux que la musique active
en toi ouvre les yeux soudain ferme-les
ouvre-les absorbe les corps autour de
toi abandonne-toi au rythme-pulsion
de l'immédiat rentre encore plus loin
dans ton corps bouge et regarde au hasard
les corps semblables regarde-moi je t'observe
je guette tes gestes libres dans le même
état je suis en état de poésie en mouvement
dans le même lieu où tu vas danser

indices

la musique provoque des perceptions aigües
la danse magnétise les corps
j'étudie les orbites et la mémoire akashique
à l'âge des mutants et des miasmes
j'invente des avenues secrètes dans la ville
un code vertigineux chante jusqu'à la démesure
l'infini tombe en morceaux
la pensée s'agrippe
aux réserves de sentiments
métamorphose l'identité
les tropes et les disques laser
les contingences et l'agenda
d'autres éléments du monde
où je tente de saisir des indices
nous concernant vraiment

à partir du dedans

à Sinéad O'Connor

nous habitons la même demeure toujours
entre le mashkoui et les buildings
au large des trous dans le journal
la rage aussi évidente que la langue
à faire frémir la sémantique
la musique noire arrive comme un fleuve noir
sur lequel nous dérivons sans fin
où nous continuons à chanter ce qui nous excite
avec les montres les clés les cartes
autant d'images énigmatiques
de poèmes ou de départs
nous rêvons d'errer et nous errons
à la recherche des échos de nos visions
qui s'accordent aux chansons
d'un pays du dedans

pratique de la poésie

il me semble que la poésie agit
à partir du corps puis de la tête
de ma mémoire de bandes dessinées
ou de l'eau salée avalée
en sautant dans la rivière de mon enfance
il me semble que ça parle
du monde qu'on aime
et du monde qu'on aime pas
que ça parle d'une rage historique
de l'ambigüité de voter
s'inspire d'Apollinaire
ou de Bessie Smith
comme le soleil envahit la cuisine
un poème peut s'incliner devant la mer
souffler entre les craques de tous les murs
peut s'envoler dans le midi de la ville
atterrir dans le lit de la beauté
chanter mes rencontres avec Rimbaud
mes états translucides
peut entrer dans la conscience
par degré ou par éclat
peut appréhender l'abstraction du temps

*

le poème est malachite
parle de ponts
de tigres
de cybernétique
le poème se glisse dans le noir
se réchauffe à la géologie vivante
aux rues familières
la rue Weldon appelle
pour que le poème advienne ici
au cœur des contradictions
et des fulgurances
une trame chamanique
aux échos de griots
entre les générations
sur la page ou sur l'écran cathodique
par les voix et dans les livres
le poème inscrit cette trajectoire
de la parole et du désir
comme un grafitti sonore
sur l'écriteau du réel

*

parfois nous écrivons
sans trop savoir pourquoi
sauf que nous écrivons
nous imaginons qu'une phrase
peut nous emmener
au bout du monde
et parfois elle le fait
entre le rythme du cœur
et le rythme du lieu
entre le noir et le blanc
le bleu guette constamment
comme le silence
je veux nommer jusqu'au vertige
tout ce qui m'a touché
les traces indélébiles
de certains moments
les épiphanies du quotidien
au long de la longue complainte
de mon appartenance

amérique instantanée

hommage à l'auteur de Cri de terre

la ville est une conséquence extrême de mon désir
j'habite un cri de fer aux racines d'argent
comme une drogue douce dans la nuit nucléaire
où les autres essayent de décider pour moi
sans me consulter jamais
je résiste à coups de poèmes et d'entêtements
comme Acadie Rock tatoué sur le corps de Moncton
la ville est une prière aux dieux païens de mes sens
au long des irruptions sonores
qui dirigent mes dérives
je connais la complainte des mots d'eau
elle parle de mes origines
j'habite un cri de mer aux racines éparses
parfois électriques et planétaires
dans les flammes de Los Angeles
le siècle s'essouffle et se désintègre
les prophètes du rap le clament
aujourd'hui je veux mêler ma voix à la leur
à la tienne pour dire tout haut encore une fois
j'habite un cri de terre aux racines de feu

soutra de l'écriture

parmi les moments de nous-mêmes
arrive un autre poème
je débouche sur une rue inédite
je bouge dans les bruits
le hasard historique
jusqu'à l'hôtel de Babel
aux murs bigarrés d'images urgentes
une version américaine de la démesure
comme un catalogue des années 80
une science-fiction ancienne
le long d'un corridor zen
mes yeux s'ouvrent plus grands
comme un appel déchirant
de la Nouvelle-Orléans de nos têtes
les méandres du quotidien
que chaque matin ramifie
j'apprends à vivre dans le changement
j'habite une dérive organique
nourrie d'inconnu

ma ville est la matière virtuelle
d'une autobiographie électrique
tout m'amène au geste d'écrire
des images surgissent
des blocs de mots
des intuitions en marchant
des obsessions parfois
j'aboutis à l'écriture
par romantisme ou par besoin
avec lyrisme ou avec rage
tandis que des corps se découvrent
dans l'hésitation et dans la danse
je mêle le familier au magique
je cesse d'attendre
j'écoute
la journée prend une autre allure
la rue Weldon est un koân
l'écriture est une discipline psychique
une écologie mentale

riffs pour Kerouac

à H. C.

j'ai des amis qui circulent
vers des zones dangereuses
dans l'addiction lente au laisser-aller
à l'humeur selon les pilules
quand les chants du pays nous assomment
j'ai des amis qui pleurent
dans une fantasmagorie continue
peuplée de revenants
j'ai des amis qui chantent
sur des arcs-en-ciel de néons
comme des appels dévorants
dans le *yonder* du *wild blue*
j'ai des amis qui rêvent
à travers les couleurs et les signes
à l'écoute des rythmes de l'univers
baignés de lumière blanche
pour l'avènement des mutants
aux visions extatiques
je vais toujours vers la musique
d'autres amis apparaissent
comme des anges ivres
nous entonnons
de longues incantations païennes
nous rêvons d'Icare et du soleil

sur les ailes fragiles de nos gestes
nous sommes d'argile et d'améthyste
nous trouvons dans l'éphémère
les traces du prochain poème

origines

cette fois-ci je suis venu au monde
dans une famille acadienne
entre la pauvreté et l'alcool
catholicisme et schizophrénie
au milieu d'un village
au nom amérindien
la Deuxième Guerre mondiale
vient de terminer
dans les retombées de la bombe atomique
le monde tremble déjà dans mes oreilles
quand mon grand-père me prend sur ses genoux
qu'il puise dans sa mémoire ancienne
pour me raconter les légendes et les contes
de son univers de paroles
pour la transmission de la langue
ma mère fait le repassage
entonnant une complainte ou une chanson
les jours de la semaine
les chansons sont plus tristes
quand je suis né à l'ombre d'un feuillage
j'apprends à dessiner l'alphabet
en imitant les caractères
du journal *l'Évangéline*
accompagné de la patience de ma mère
qui m'enseigne le sens des mots

avant d'aboutir à l'école
où j'apprends vite ce que sera l'ennui
mon esprit prend son envol
alors que les chiffres dansent devant mes yeux
je rêve des samedis soirs
où j'entendrai encore les voix de chez nous
au moment où la semaine se convertit en fête
que la musique et la danse
emportent mes oncles et mes tantes
et les voisins dans les cris
et les bouteilles qui trinquent
j'observe les grands comme un théâtre
où l'on rit des Anglais
la cuisine ressemble au pays
à la senteur du fricot
j'apprends que l'alcool est un dieu
qui fait chanter et rire
parfois pleurer et rager
je sais que j'y gouterai à mon tour
à neuf ans mon cousin m'initie
au plaisir du corps
j'entre dans le plaisir
comme on entre en religion
le monde bascule
m'ouvre une autre conscience

soudain je reçois le monde
comme désir sexuel
à ce moment-là
la voix d'Édith Piaf m'atteint
mon âme s'y reconnait
sur une radio
qu'un soir de brosse
mon père garroche contre un mur
je m'approprie ce qui en reste
squelette mécanique qui joue encore
mes nuits évoluent
entre le statique et l'irruption
des musiques folles de l'Amérique
les États-Unis rentrent dans ma chambre
les livres à l'index
redoublent ma curiosité
le livre devient dangereux
associé au péché
je rêve d'en écrire un
la famille déménage à Saint John
à seize ans ma première ville
je veux connaitre tout le monde
d'autres portes s'ouvrent à la conscience
je découvre l'underground gai et les drogues
les codes et les registres d'un univers
tout crie tout le temps
j'aime Barbra Streisand

et Lena Horne
j'apprends l'autre langue
de façon vorace
les premiers hurlements de Ray Charles
j'anticipe un décor pour ça
la voix d'Aretha Franklin
j'habite Saint John comme une possibilité
dans le tremblement
du début des années 60

drugs

pour toutes les portes ouvertes
sans payer le portier
hommage au hachich
sur les ondes électriques
des stéréos du monde
quelque part l'appel d'un savoir
fait signe d'entrer
de suivre avec curiosité
les méandres de la pensée
un allée simple vers l'inédit
aux coïncidences continues
à perdre l'idée au milieu d'une phrase
la marijuana aux poèmes
de référents obscurs
pourtant si précis
en écrivant
rire aux éclats en oubliant
pourquoi on rit

jouer avec le temps
jouer avec le feu
les pilules et les poudres
le vocabulaire de ça
comme une toupie dans la tête
l'amphétamine de prose
nerveuse et dirigée
nicotine pour amener ma main
à ma bouche machinalement
les nuits blanches
dans une pièce nimbée à la strychnine
ô chimiques à la roulette russe
qualude tuinol mandrax
valium librium
pour faire taire l'émotion inquiétante
de la folie montant
je pensais ne plus jamais dormir
à même les champignons où le corps vibre
de pulsions internes intenses

cocaïne pour parler
en croyant avoir raison
dans le micro du vide
m.d.a. aux cellules frémissantes
acid pour traverser la peur
ô drogues mystérieuses
opium pendant des jours
le vert des visions changeantes
aux promesses de paradis
aux égarements du réel zigzagué
pour me retrouver tout seul
quand les autres m'envahissent
quand t'es pas là
quand je me fais mal
quand t'es pas là
l'obsession nourrit l'obsession
une autre *toke* pour essayer
de trouver une réponse
parce que mon corps
feel weird
et ma tête ne peut plus suivre

morphine dans la cérémonie des seringues
jusqu'à se haïr en constatant
la dette psychique qui s'ensuit
devant la mort au bout de l'aiguille
drogues douces
drogues dures
dépasser le dépassement
you never know what is enough
unless you know what is more than enough
en regardant son propre regard
dans un autre miroir aux alouettes
quel savoir ne résiste pas
l'interdit dérisoire
explorer le brouillage
l'immédiat transfiguré
amplifie les voix dans les oreilles
ô quel poème en sortira
quel enfer au bout de la nuit
quelle soif me pousse à poursuivre

transcription

le temps de la lecture quotidienne
des poèmes de Diane DiPrima
elle habite le lieu il me semble
se sent plus à l'aise que moi
dans la place j'écoute
la complainte du frigidaire
je tapisse l'appartement d'affiches
cartes postales de mes intensités
le facteur est l'homme de ma vie
je me prépare à écrire un livre
sur la vie privée d'Eurydice
au long des nuits automatiques
l'idée d'aller partout à la fois
avec quelques lettres d'obsession
entre le cendrier et le calendrier
les lampadaires ludiques
les clins d'œil au coin des rues
un taxi jaune dans le décor
j'anticipe une anthologie
des conversations téléphoniques
des années soixante-dix
c'est une algèbre névralgique
quand n'importe quoi
commence à chanter
depuis la cuisine

nous servant de laboratoire
pour les décisions extrêmes
les projets débordants
la folie pure
et les soirées fastes
provoquant des manifestes
des correspondances dévorantes
des appels paniques des mutants
les horoscopes alambiqués
à regarder les arbres pousser
dans l'arrière-cour des villes
à écouter les hardes battre au vent
en développant de nouveaux rythmes
avec nos gestes anciens
l'adhésion à d'autres croyances
entre le miel et le sucre
fumer ou non
l'alchimie élémentaire
à même l'assistance sociale
je ramasse des phrases partout
l'épicier psychédélique
s'ajuste à la couleur de mon aura
je reçois des lettres d'amis
depuis les capitales du monde
je me chicane dans la porte
avec des marxistes nationalistes
aux circuits surchargés

comme les messagers du troisième œil
vendant des chandelles mystiques
je m'attable avec un pusher de sociologie
agressé par ceux qui vous parlent
avec le nez plus haut que l'accent
alors que je cherche la gnose
imprimée dans les musiques
kundalini express
mes amis peintres lisent des revues anodines
ils consultent l'annuaire pour des idées
je m'acclimate à la présence des anges
qui passent parfois sur la rue Dufferin

rue Dufferin, revue et non corrigée

au long d'une nuit d'alcool illimité
mon ami peintre me dit:
écris-moi quelque chose d'orange
la porte est orange
ton chien est orange
le sentiment que je te porte est orange
orange! orange! orange!

Miles Davis mijote *Bitches Brew*

j'habite une solitude peuplée d'écritures
il me dit: *allons vivre à New York*
New Yord est orange!

j'écris l'incertitude de 1975
à partir de la langue que nous parlons
cette langue étrange remplie d'images
avec lesquelles nous jouons
il insiste sur la couleur
je dis: *notre généalogie est peut-être orange*
il me regarde avec joie en déclarant:
parlons la langue coloriée des magiciens!

Miles runs the voodoo

sismogramme

n'imagine pas que je t'écrive d'ailleurs
parce que j'ai changé
la même intensité opère toujours
un exercice au quotidien
pour amener le merveilleux
à la portée des sens
je sais que tu ne me crois pas
même en cautionnant mes excès
nous avons souvent habité
l'inquiétude et la colère
en y ajoutant du politique
des plumes mélodramatiques
un message insistant pour tous
tu te rappelles tes projets grandioses
tu prends une autre bouffée de hachich
pour t'y retrouver
douce illusion en longeant
le froid corridor de la nostalgie
cette douleur ressemble à la faim
tes doigts se promènent sur le clavier
tu composes le numéro de ton obsession

je ne t'accuse pas
j'écris pour atténuer la fausse alerte
la traversée des soirs creux
nous nous ressemblons donc
malgré ton insouciance feinte
le gout de ta langue demeure
comme autrefois
ton âme gitane dans la zone rouge
je médite
sur notre dernière conversation
ton entêtement et ta résignation
avant de gagner ton atelier
tu chantes
que sont mes amis devenus
que j'avais de si près tenus
devant l'incompréhension
tu peins ce qui te dévore
j'avance de façon parallèle
quand les devantures du monde explosent
je transcris mes complaintes
pour te rejoindre
dans l'immense écho du continent

amérique instantanée

mes aventures se greffent au hasard
aux affiches
au trafic
je bascule indifféremment dans la fiction
je circule dans un tableau de Jean-Michel Basquiat
au mois de juin sous un ciel variable
j'interroge mes habitudes lamentables
mes excès intéressants
j'ausculte mes origines
pour démêler mes filiations
mes projections familières
mes atterrissements psychiques
mes images païennes
mes rencontres avec Don Juan
au nombre de mes obsessions
j'ajoute des airs de fuite
des textes de vitesse
peuplent ma géographie
le mouvement s'empare de moi
à toute heure
j'énumère les vertiges
les amours multiples
jusqu'au refuge des visions
comme les lames longues de l'Histoire
dont j'émerge écorché

je chante dans les manques
je chavire dans le temps
j'aiguise ma volonté de m'envoler
j'habite l'Amérique
ses hoquètements pharmaceutiques
son corporate rock
ses nostalgies big business
j'habite l'Amérique
l'épidémie ambiante
la certitude suspecte
l'insistance apolitique
depuis mes yeux de ruelles
jusqu'à la libération de ma bouche
à même l'écho de l'écoute forte
qui s'immisce dans mes neurones
de l'autre côté du miroir
j'essaye de faire naitre
dans le monde
des moments de paix
in l'America l'America
mes blues de bayou
mes complaintes de la côte ouest
émotions-éloizes dans le décor
et je me demande
dans quelle reprise j'ai abouti
dans quelle bande dessinée j'évolue
je faxe mes larmes de Moncton

mon pays est une idée
un soupçon
un frisson historique
un accent
une brosse
une démesure
une image inédite
une peinture d'Yvon Gallant
une chanson de Billie Holiday
un poème de Louis Comeau
un circuit débordant
un poème à la recherche d'un titre
mes ongles technicolors s'agrippent
à l'innocence perdue
j'habite l'Amérique
etcétéra

dépêche du front

ma vie s'appelait Liverpool
        - Yves Buin

ma vie s'appelait Moncton
entre l'émerveillement et la confusion
la turbulence sommeille à nos portes
comme un vendeur d'assurance stone
on développe des polaroïds ambulants
en amont des prochains attentats
dans une ville de vendredi soir
un gars me parle d'écrire
des poèmes contre la Brain Police
à boire ! crie-t-il
du cri il n'est resté que l'écho
un soupçon de voix
creux et cru
comme une pause publicitaire
m'annonce que ma ville change
parle maintenant par euphémisme
sur des images traitées à l'eau de Javel
j'ai quitté la secte de flatteux de bedaines
j'ai déserté mon poste
je sais que le rayon vert existe encore
même si on n'en parle moins
gênés d'être heureux
sans une voiture de l'année

on se dissocie du corps
comme d'une paire de bas
achetée chez les fabricants d'une culture
qui nous enseigne à nous haïr
je me suis réincarné acadien
parce que ça avait l'air intéressant
en arrivant dans l'univers du doute
ma vie s'appelle Moncton
j'ai l'oreille au laser
mes lunettes radiographient les environs
l'architecture variable du quotidien
parmi les fissures de la couche d'ozone
je compose avec les restants du réel
la cartographie acoustique de mon quartier
j'écoute les voix de la ville
les vibrations de l'esprit
j'écris toujours au présent

Du même auteur

Poésie :

Comme un otage du quotidien, Moncton, Éditions Perce-Neige, 1981.
Géographie de la nuit rouge, Moncton, Éditions d'Acadie, 1984.
Précis d'intensité, Montréal, en collaboration avec Herménégilde Chiasson, « Lèvres urbaines », no 12, 1985.
Lieux transitoires, Moncton, Michel Henry Éditeur, 1986.
L'extrême frontière, Moncton, Éditions d'Acadie, 1988.
Les matins habitables, Moncton, Éditions Perce-Neige, 1991.
Complaintes du continent, Moncton/Trois-Rivières, Éditions Perce-Neige/ Écrits des forges, 1993.
De la rue, la mémoire, la musique, Montréal, « Lèvres urbaines », no 24, 1993.
Éloge du chiac, Moncton, Éditions Perce-Neige, 1995.
Méditations sur le désir, Moncton, livre d'artiste avec Guy Duguay, Atelier Imago, h.c., 1996.
Je n'en connais pas la fin, Moncton, Éditions Perce-Neige, 1999.
Le plus clair du temps, Moncton, Éditions Perce-Neige, 2001.
Géomancie, Ottawa, Éditions L'Interligne, 2003.
Techgnose, Moncton, Éditions Perce-Neige, 2004.
Poèmes New-Yorkais, Éditions Perce-Neige, 2006.

Roman :

Moncton Mantra, Moncton, Éditions Perce-Neige, 1997; Sudbury, Prise de Parole, 2012.

Traduction :

Amazon Angel, de Yolande Villemaire, Toronto/New York, Guernica, 1993.

Anthologie :

La poésie acadienne, Moncton/Trois-Rivières, en collaboration avec Claude Beausoleil, Éditions Perce-Neige/Écrits des Forges, 1999.

Table

ma complainte du continent

le poème 11
voyage dans le temps d'un poème 12
carte. 13
jusqu'au prochain poème. 14
programme 15
poème narratif 16
message 17
poésie réalité virtuelle. 18
nommer 19
appartenance 20
des morceaux du morceau 21
ma complainte du continent 22
à nos semblables 23
dharmas 24
à un ami exilé 25
méditation matinale 26
song of longing 27
fill in the blanks. 28
brume. 29
pluie. 30
strange days 31
carte postale depuis la déflagration 32
complainte de downtown. 33
amorce du blanc 34
mémoire reconquise. 35

envoi	36
janvier	37
février	38
mars	39
avril	40
juillet	41
aout 1991 (Idée du Nord)	42
novembre	43
fin de cycle	44
documentaire	45
projet de livre	46
déplacement	47
samedi soir et le lendemain	48
à la mémoire de Miles Davis	49
hommage à l'auteur de Lunch Poems	50
ce soir encore	51
à celui qui lit ce poème	52
indices	53
à partir du dedans	54
pratique de la poésie	55

amérique instantanée

hommage à l'auteur de Cri de terre	61
soutra de l'écriture	62
riffs pour Kerouac	64
origines	66
drugs	70
transcription	74

rue Dufferin, revue et non corrigée 77
sismogramme 78
amérique instantanée 80
dépêche du front 83

Achevé d'imprimer
pour le compte des Éditions Perce-Neige
en février 2014.

Imprimé au Canada
sur les presses de l'Imprimerie Gauvin, Gatineau, Québec.

L'intérieur de ce livre a été imprimé sur papier contenant
100 % de fibres postconsommation et certifié FSC.